BREVE HISTORIA DE MI VIDA

Elmer Arana

Reservados todos los derechos. No se permite la reproducción total o parcial de esta obra, ni su incorporación a un sistema informático, ni su transmisión en cualquier forma o por cualquier medio (electrónico, mecánico, fotocopia, grabación u otros) sin autorización previa y por escrito de los titulares del copyright. La infracción de dichos derechos puede constituir un delito contra la propiedad intelectual.

El contenido de esta obra es responsabilidad del autor y no refleja necesariamente las opiniones de la casa editora.

Publicado por Ibukku
www.ibukku.com
Diseño y maquetación: Índigo Estudio Gráfico
Copyright © 2020 Elmer Arana
ISBN Paperback: 978-1-64086-609-6
ISBN eBook: 978-1-64086-618-8

Índice

Introducción	5
Prólogo	7
Primera parte	9
Mi niñez	11
El diablo se mete en la familia	15
Segunda parte Aldea El Barranquillo	17
El asesinato de mi padre	21
Peregrinación Anual a Esquipulas.	29
Tercera parte Mi éxodo	31
Vida conyugal	35
Participación de Movilización Popular de Repudio Cívico, Sin precedentes en Guatemala.	39
El asesinato de mi hermano Hugo Leonel	43
Dios me libra en un fuerte accidente automovilístico	45
Cuarta parte Viajes a U.S.A.	47
El asesinato de mi hermano menor	51

La muerte de Panchito   55

Quinta parte
Llega mi familia   57

Sexta parte
El caso Toty   61

Séptima parte
Apologista católico   65

Covid - 19   69

Conclusión   73

Introducción

La presente obra literaria tiene como objetivo el dar testimonio al mundo, del gran amor de Dios en mi vida. Contarle al universo entero las maravillas que Dios ha hecho en mi vida. Obviamente, no ha sido fácil tomar mi cruz y seguir a Jesucristo, como el llamado del mismo Maestro en San Mateo, capítulo 16, versículo 24 y advertidos de los sufrimientos y las pruebas que tiene que afrontar todo cristiano.

Sin embargo, vale luchar para alcanzar la salvación que Dios nos tiene preparada y que Él mismo revelará al final de los tiempos: 1ª Pedro 1:3-9

Aquí encontrarás testimonios de amor, lucha, sacrificio y esperanza, pero, sobre todo, el amor y la misericordia divina. Dios se manifiesta en tu vida cuando tú crees en Él y le obedeces en todo sentido.

Espero que mi testimonio te ayude a ver las cosas del mundo con ojos espirituales, sin importar el sufrimiento y el dolor.

Prólogo

En esta breve historia personal que he decidido compartir con usted, encontrará los acontecimientos "quizás" más importantes de mi vida, algunas historias muy tristes como el asesinato de cuatro miembros de mi familia, entre ellos mi padre y dos de mis hermanos, anécdotas de mi niñez y mi juventud. También usted encontrará historias de mucha alegría, por ejemplo la reunificación con mi familia, después de una triste separación en la frontera sur de los Estados Unidos. Lógicamente es imposible contar todas tus vivencias con lujos de detalle, es así como omito narrar acontecimientos no menos importantes, tales como ser reportero colaborador del independiente dominical con el periodista Marco Antonio Figueroa Valiente "El Tigre de la Noticia"; ser miembro de la tradicional danza de los moros con don Enrique Castañeda y Santiago Dardon; formar parte de los entrenamientos con un par de clubes del fútbol federado o directivo estudiantil, entre muchas vivencias más. La presente obra traté de desarrollarla con secuencia cronológica o sea en el orden que sucedieron los eventos, quizás el caso de mi prima Toty sea la excepción por haber sucedido en 1970.

En si el objetivo de este prólogo es dar una pequeña guía al apreciado lector del contenido de la presente obra, esperando que sea del agrado y el deleite de usted que leerá mi libro. Acompáñame.

Atentamente; Elmer

Primera parte

Mi nombre completo es Elmer Obdulio Oliva Quiñonez. Nací en Aldea Valle Nuevo, Municipio de Jalpatagua, Departamento de Jutiapa, Guatemala, Centro América, el día 6 de mayo de 1971.

Mis padres son Rodolfo Nery Arana Oliva y Gabriela Quiñonez Corado. Mis abuelos paternos fueron Luis Arana Morales y Engracia Oliva Moreno. Mi abuelo paterno era originario de una comunidad indígena llamada Santa María Xalapan, ubicada en el Departamento Oriental de Jalapa. Según relataba mi abuelito, en esta comunidad se hablaba el idioma Xinka, uno de los 23 idiomas que existen en Guatemala. Mi abuela paterna era originaria de la Aldea Agua Salóbrega, del Municipio de Sanarate, del Departamento Centro Oriental de El Progreso, Guastatoya.

Mis abuelos maternos fueron Eustaquio Quiñonez y Matilde Corado. Ambos eran de Jalpatagua, del Departamento Oriental de Jutiapa. El Municipio de Jalpatagua, durante el período indígena, estuvo poblado por razas indómitas de Pipiles y Pocomanes, las cuales lucharon con valentía y organización contra los invasores españoles, defendiendo con coraje su soberanía.

El nombre de Jalpatagua se deriva de: Jal= aspiración, atl= agua y patlaguac= ancho (rio ancho). En sí, puedo decir que soy cien por ciento oriental. Nací donde nace el sol.

Puente Fronterizo el Jobo Valle Nuevo Jalpatagua Jutiapa
(Yo nací en Aldea Valle Nuevo)

Mi niñez

Soy el primer hijo de la segunda familia de mi padre y soy el primer hijo de mi madre, soy yo quien rompió las entrañas de mi madre. Soy el primogénito por ser el mayor de los hijos varones de la familia y primogénito por haber sido consagrado a Dios a través de la presentación y del bautismo.

Todo cristiano, por el bautismo, es consagrado a Dios por Cristo en el Espíritu Santo para ofrecerse a Dios y ser testigos de Cristo con toda su vida, de esta manera pasamos a formar parte del cuerpo de Cristo, que es su iglesia.

A través del bautismo en el Espíritu Santo, según San Mateo 3:11, pasamos a formar parte del nuevo pueblo de Dios y cumplimos, además del mandato de Jesucristo en Mateo 28:19,20, el bautismo en la forma trinitaria.

En esa forma fui bautizado en la parroquia Santo Tomás Apóstol de Jalpatagua, Jutiapa, el día 31 de diciembre de 1972, ante el párroco italiano Octaviano Barttolini. Mis padrinos fueron Rogelio Najarro (QEPD) y su esposa Alba de Najarro.

Desde muy niño estudié el catecismo y la doctrina de la iglesia católica. Mi catequista era mi propio padre Rodolfo Nery Arana Oliva y también el señor Abelardo Salazar.

Recuerdo que mi padre ayudaba en el altar al sacerdote, o sea que era un servidor del altar durante la celebración eucarística. Mi padre y mi madre eran laicos comprometidos con la iglesia.

Mis hermanos, hijos de mi madre, son: Hugo Leonel (QEPD), Rony Amaniel, Ingrid Anabella, Néstor Ovidio (QEPD) y Delmy Noemy y mis hermanos, hijos de mi padre, son: Luis Arturo y Gloria Lily.

Recibí mi primera comunión en la iglesia Medalla Milagrosa de Valle Nuevo Jalpatagua. Fue muy lindo recibir por primera vez a Jesucristo Sacramentado.

También recibí el sacramento de la confirmación por parte del obispo de la diócesis de Jalapa, mis padrinos para este sacramento fueron: Jorge Barco (QEPD) y su esposa Irene de Barco. Como todos sabemos, nuestros padrinos son nuestros padres espirituales, en este sacramento se fortalece y se completa la obra del bautismo. Aquí, todo bautizado se fortalece con el don del Espíritu Santo en otra efusión y se logra un arraigo más profundo a la afiliación divina. Se une más íntimamente a la iglesia, fortaleciéndose para ser testigos de Jesucristo de palabra y de obra. Es nuestro Pentecostés personal.

Yo era un niño muy hiperactivo y travieso, me gustaba subirme a los árboles y derivado de eso, sufrí dos accidentes que ameritaron hospitalizarme. En el primer accidente caí de un árbol y sufrí doble fractura en mi mano derecha y en el segundo, siempre en un árbol, resbalé y un pico del árbol me rompió el escroto de los testículos. Estos accidentes dejaron huellas físicas en mí, pero no me afectaron en lo absoluto.

Estudié por unos pocos meses en la escuela rural mixta Valle Nuevo, recuerdo que mi maestra se llamaba Rosalina y, si no mal recuerdo, era originaria de las Verapaces.

Recuerdo que mi padre era agricultor, le encantaba labrar la tierra, cultivaba maíz, frijol y maicillo. También hacía jornales y trabajaba para el señor Julio Pimentel (QEPD), quien pagaba a dos quetzales la tarea y si hacía dos tareas, para el medio día habría ganado cuatro quetzales, dinero que servía para comprar alimentos para la familia.

Después de terminar su jornada de trabajo, mi papá traía leña, la cual servía para cocinar, toda vez que no teníamos estufa moderna y nuestra cocina era rústica, de lodo.

Mi madre era vendedora de comida (Gallina y chicharrones de marrano) en la aduana Valle Nuevo. El sustento para la familia salía de esos ingresos y mi padre madrugaba para ayudar a mi madre a preparar la comida para la venta (Dorar las gallinas, hacer la salsa de tomate y echar tortillas calientes). MI padre era un buen esposo, un buen padre y un gran ser humano.

Mi padre había llegado a este lugar trabajando como guardia de hacienda, así conoció a mi madre.

Palacio Municipal Jalpatagua Jutiapa, Guatemala.

Balneario La Cueva Anda-Mira El Coco Jalpatagua, es la primera Maravilla del departamento de Jutiapa.
(Justo Nací a 3 Kms. de este bello Lugar)

El diablo se mete en la familia

Mi madre se alejó de Dios y de la iglesia, las malas compañías la alejaron de la santidad y de Dios. Vinieron los problemas con mi padre, quien tratando de mantener la unión familiar y solucionar los problemas, se fue por un corto tiempo a Belice, donde trabajó en la tapisca de maíz.

La ausencia de mi padre partía mi corazón, era un dolor inmenso que también se reflejaba en el corazón y el rostro de mi hermanito Hugo Leonel, quien era el siguiente en la lista descendiente de mis hermanos.

Por fin mi padre un día regresó y los problemas con mi madre no tuvieron solución. Nos tomó a mí y a mi hermanito Hugo, quienes éramos los mayores y nos llevó consigo a una aldea de Sanarate llamada "El Barranquillo". Ahí nos encargó al cuidado de nuestros abuelitos, o sea los padres de mi padre.

Mi mamá y mi papá habían sido separados por obra del diablo y sus hijos estábamos condenados a crecer sin padres y separados entre sí. No era fácil vivir esa cruda realidad siendo un niño inocente, quizá sin comprender a cabalidad lo que estaba viviendo. Un momento doloroso en nuestras vidas, un momento de angustia, donde nadie nos daba una razón, justificación o explicación acerca de lo que estaba sucediendo. Si esto se hubiera dado, quizá hubiera ayudado más fácil la pesadilla y el trauma que este triste suceso nos causaría y así evitar construir nuestras propias fantasías, provocando más incertidumbre y angustia.

Es difícil que niños con edades de entre dos y siete años entiendan lo que es una separación familiar, lo que sí es cierto, es que yo en lo personal extrañaría extremadamente a mi madre y a mis hermanitos menores.

Mi hermano Hugo (izquierda) y yo (derecha), esta foto fue tomada en 1980 en foto estudio la palmita zona 5, ciudad de Guatemala.

Segunda parte
Aldea El Barranquillo

Aquí comienza una nueva aventura en mi vida. Siendo un niño de apenas siete añitos de edad, me inscribieron en la escuela para continuar el primer grado de la primaria, la escuela se llamaba: Escuela nacional rural mixta El Barranquillo (Hoy Luz Roselia Morales Moguel). Mi maestra de primer grado se llamaba Thelma Prado de Dardón, ella era a la vez directora del establecimiento y había autorizado mi inscripción.

Ahí conocí por primera vez a mis hermanos mayores: Luis Arturo y Gloria Lyli. No sabía nada acerca del pasado de mi padre, pero ellos se constituían en un gran consuelo para mí y también pasaban a ser, en alguna forma, los sustitutos de mis hermanos menores, a quienes seguía extrañando con todo el dolor de mi corazón.

Mis abuelitos eran muy amorosos con nosotros, nos querían mucho. Ellos emanaban el amor que en ese momento no nos daba mi madre. Era el amor puro de mis abuelos el que sustituía al amor de mi madre. Sentía en mi corazón que era un amor puro, un amor sincero, un amor real

Mis abuelos vivían de la agricultura, principalmente de la cosecha de maíz y frijol. Aunque la precariedad económica era grande, nunca me faltó cariño y amor. Con mis abuelos también vivía una hija de ellos, hermana de mi papá, su nombre era Alicia y el de su esposo Herlindo Dardon. . Él laboraba en el ferrocarril (Fegua) y con su salario contribuía a la economía familiar, con lo cual mis abuelos y todos los de la casa nos beneficiábamos. Él traía frutas tropicales de la costa norte, principalmente de Puerto Barrios. El plátano, el banano y las naranjas, nunca faltaban en la casa, era una bendición de Dios.

Tía Alicia y tío Lindo vinieron a ser mis segundos padres y sus hijos como mis propios hermanos, Panchito, el hermano menor de mi papá, era para mí como mi hermano mayor.

Mi abuelo me enseñó a labrar la tierra y fue así como me convertí en agricultor. Yo sé cultivar maíz, frijol y yuca por herencia de mi abuelo, de niño me tocó duro labrar la tierra y halar leña.

Escuela Nacional Rural Mixta Luz Roselia Morales Moguel, El Barranquillo, Sanarate El Progreso.

El asesinato de mi padre

El acontecimiento más triste, que marcó el destino de mi propia vida y de la vida de mis hermanos, lo constituye el asesinato de mi padre, el cual ocurrió cuando yo tenía 10 añitos de edad.

Mi padre laboraba en una empresa de seguridad privada llamada "El Ébano, S.A." que prestaba servicio a un banco del sistema nacional llamado "Banco Industrial." Era la mañana del 18 de septiembre de 1981. Almorzábamos junto a mi hermano y mis primos mientras que mi abuelita calentaba tortillas en el comal, de repente escuchamos un avance noticioso de patrullaje informativo de la cadena "Emisoras unidas de Guatemala." El avance noticioso hablaba con lujo de detalles acerca de un tiroteo en una agencia bancaria, con saldo de dos agentes de seguridad privada fallecidos en un frustrado asalto bancario.

La agencia bancaria estaba ubicada frente al obelisco y boulevard liberación, zona no. 9 capitalina. El nombre de los agentes fallecidos correspondía a Benedicto de Jesús Marroquín, quien era originario de Chiquimula y el agente Rodolfo Nery Arana Oliva, quien era originario de una aldea del municipio de Sanarate, del departamento de El Progreso, Guastatoya.

El periodista narraba los hechos y decía que, en el tiroteo, el agente Marroquín había perdido la vida de manera instantánea, mientras que mi padre había fallecido minutos más tarde en el Seguro Social IGSS.

La triste y dolorosa noticia nos caía como agua fría, nos hizo llorar a todos y mi abuelita Engracia cayó desmayada al suelo y no era para menos, pues los noticieros anunciaban la muerte de su hijo mayor.

Los vecinos, alarmados y dolidos, se presentaban a dar las respectivas condolencias. El cadáver de mi amado padre arribó a El barranquillo entre la media noche y horas de la madrugada del 19 de septiembre. Sentí la muerte al ver a mi padre metido en un ataúd, las palabras de aliento y condolencias no eran bálsamo para mi corazón partido y destrozado por el inmenso dolor. Lo más duro estaba aún por llegar.

Al día siguiente, u horas más tarde, mi padre habría de recibir cristiana sepultura y yo, junto con toda mi familia, no lo volveríamos a ver nunca más. Mi padre se marchaba de este mundo para siempre a la edad de treinta y seis años.

Un sentimiento de venganza se apoderó de mi corazón y juraba, siendo niño, investigar y vengar la muerte de mi amado padre. No era fácil ser huérfano.

Pasaron los años y la obsesión de investigar el asesinato de mi padre se mantenía. Sentía odio en mi corazón y una gran sed de venganza. Recuerdo que una noche soñé con mi padre y él me decía: «Quita ese odio que hay en tu corazón, porque de persistir, Dios no te va a perdonar nunca y, ¿te confieso algo?, la mayoría de los que me mataron ya están muertos y yo, en el tiroteo, me traje a uno conmigo.»

El sueño era como una revelación y en parte era un alivio. Indagué con mi tío Luciano, que era hermano y compañero de trabajo de mi padre y él me narró lo siguiente: «Era lo más cruento de la guerra civil y los dirigentes sindicales del banco tenían vínculos con la guerrilla. Miembros del sindicato participaron en el asalto, esto se supo porque días después, estas mismas personas se disponían a colocar una bomba Claymore en otra agencia del mismo banco, pero cuando se dirigían a su objetivo, en las inmediaciones del puente olímpico, en la zona 5 de la capital guatemalteca, les estalló la bomba y murieron cinco personas. Algunas de ellas eran empleados del banco, los identificaron por sus gafetes y se presume que habrían tenido participación en el frustrado asalto en el que murió Rodolfo.»

En 1999, no sé si por obra del diablo o por designios de Dios, fui a parar a la cárcel de Santa Ana, en El Salvador. Había ahí un señor de apellido Galicia y me confesó ser testigo del asalto bancario donde había muerto mi padre. Afirmó que mi padre había matado en el intento de atraco al banco, a un asaltante. Esto coincidía con el sueño que tuve con mi padre y también con la narrativa de mi tío, con la diferencia de que el señor Galicia me dijo que los asaltantes que murieron en las inmediaciones del puente olímpico en la zona 5, se dirigían a colocar la bomba en el Partido de la Mazorca, que en ese año era el partido oficial (PID-PR) y que había llevado al poder al general Fernando Romeo Lucas García, como consecuencia de una dictadura militar en el país o dictadura institucional fundacional de las fuerzas armadas.

El señor Galicia confirmó que las personas fallecidas en la explosión del puente olímpico efectivamente eran empleados de la institución bancaria. Mis investigaciones continuaron y llegaron a dar con el jefe del grupo de asaltantes. Su nombre lo omito por razones obvias.

Coincidentemente el delincuente es originario del pueblo donde yo nací, que también es el pueblo donde vive mi madre. Como dice el dicho, "el tiempo cura las heridas" y siguiendo el consejo de mi padre (en el sueño): «Quita ese odio que hay en tu corazón si quieres que Dios te perdone.» Para mí fue una revelación divina y eso me hizo desistir de la venganza y dejar que sea Dios el que haga justicia.

Después de la muerte de mi padre, mi madre empezó a demandar a mis abuelitos, con el exclusivo propósito de recuperar a sus hijos. Las diligencias judiciales duraron más de un año, al final, un juez del ramo familiar le concedió la patria potestad a mi madre quien, con lujo de fuerza, se llevó a mi hermanito Hugo. Yo logré escapar cruzando la ciudad de Gustatoya, cabecera departamental de El Progreso.

Corrí por casi 10 kilómetros en busca del amor de mi abuelita, llegué a sus brazos casi ahogándome, agobiado por la sed, una hora y media después. Un niño de 11 años desafió a la justicia. Esta vez estaba más solo que nunca, mi madre me había quitado mi compañía, se había llevado a mi hermanito Hugo.

Continué estudiando la primaria y logré, con ayuda de mis abuelos, terminar mis estudios primarios, pero por la pobreza no pude continuar con los estudios secundarios. Mi abuelo falleció de un cáncer pulmonar el día 14 de febrero de 1984, día del amor y la amistad.

En El Barranquillo, mi mayor dedicación y ocupación era la agricultura y también participaba en las actividades religiosas, los rosarios, etc. La profesora jubilada Roselia Morales era una persona muy devota a la Santísima Virgen María, ella me daba la catequesis y me enseñó a rezar el rosario. La iglesia del lugar, que era para venerar a la Virgen de Fátima, había sido construida por iniciativa propia de doña Chelita (QEPD), quien era católica de hueso colorado.

Mis maestras del santo rosario fueron: mi tía Delia Aroche (QEPD), Angelina Marroquín (QEPD) y Cirila Dardón. Me gustaba participar como "cucurucho" en las procesiones de semana santa y participar en el santo rosario, que era una devoción, durante todo el mes de octubre de cada año.

La mayor atracción y diversión de El Barranquillo era el ferrocarril, el cual, a la vez, en ese entonces, era el único medio de transporte en la aldea. Pasaba un tren de la capital hacia Puerto Barrios al= las 10 de la mañana y otro de Puerto Barrios hacia la capital a las tres de la tarde todos los días. Era un tren de pasajeros y, obviamente, también pasaban trenes de carga. La otra diversión para los niños era bañarse en el rio que pasaba en medio de la aldea y que a la vez era el límite entre los municipios de Sanarate y Sansare.

Me encantaba jugar chamuscas de futbol, trompos, cincos, cuarta, escondite, policía y el ladrón, la tenta y arranca cebollas. Eran los juegos de mi época, juegos sanos que ayudaban a la salud mental; no existía la tecnología y, es más, por un tiempo no había luz eléctrica y nos alumbrábamos con candiles.

No había televisores. La primera persona que llevó un televisor a la aldea fue el señor Luis Veliz, fue una admiración para todos los residentes del lugar y de las aldeas circunvecinas, y luego le siguieron el señor Herlindo Dardón (esposo de mi tía) y doña Lucía Guevara. Los mismos funcionaban con batería de carro y sus respectivos cables.

Años más tarde y por gestiones administrativas del señor Alejandro Menéndez, entre otros, se logró instalar la luz eléctrica, la cual vino a dar un desarrollo en todos sentidos a la comunidad. Quiero recalcar que yo gestioné y logré la luz pública para esta aldea, así como dos puentes peatonales tipo pasarela que pasan sobre el rio que mantenía dividida a la comunidad. Incluso los niños que vivían del otro lado del rio no podían asistir a la escuela. También logré la compra de un terreno para un campo de futbol.

El Barranquillo significaba algo muy importante para mí y un lindo recuerdo.

Mi Padre Rodolfo Nery Arana Oliva, uniformado de agente de seguridad privado, lugar donde perdió su vida, (QEPD).

Peregrinación Anual a Esquipulas.

Esquipulas Es llamada capital de la fe centroamericana, era tradición de mis tíos y mis abuelos año con año, ir a visitar la imagen del Cristo Negro de Esquipulas y por supuesto siempre me llevaban. Fue así como creció mi devoción por el Señor de Esquipulas, imagen a la que considero muy milagrosa, era muy linda la travesía de El Barranquillo a Zacapa en Tren y luego de Zacapa a Esquipulas en Bus, igualmente era el retorno. Viajábamos un total de 25 personas en promedio, todas del núcleo familiar. Llevábamos comida para los días de estancia, esto para ahorrar gastos. Asistíamos a las misas en el hermoso templo, pasábamos a venerar la sagrada imagen, comprábamos recuerdos, dulces típicos y nos bañábamos en el rio los milagros, también visitábamos la cueva de los milagros, este lugar encierra misterio y respeto para propios y extraños, son miles de turistas de todo el mundo y principalmente de México y Centro América. En Esquipulas se firmaron importantes acuerdos de paz para la región Centro Americana, principalmente de la guerra civil de Guatemala y El Salvador. Los acuerdos de Esquipulas fueron muy importantes y decisivos para la paz, la democracia, la integración y el desarrollo de Centro América. Por impulsar y proponer los acuerdos de Esquipulas fue galardonado en 1987 con el premio Nobel de la paz, el presidente de Costa Rica de ese entonces Óscar Arias Sánchez.

Basílica de Esquipulas, Chiquimula Guatemala.

Tercera parte
Mi éxodo

Mi amigo del alma, Rolando Menéndez (QEPD), me llevó por primera vez a la capital y me recomendó con su primo, hijo de don Alfredo Calderón. El trabajo para el que me ocupaban era para atender una carreta móvil de venta de hamburguesas y hot dogs. Ese fue mi primer trabajo en la capital. También trabajé en las bananeras de la finca Chinock entre ríos Izabal, luego viajé a Belmopán, capital de Belice y ahí trabajé como ayudante de albañil.

Regresé a la capital guatemalteca y trabajé como estibador en Aviateca, una aerolínea estatal que luego fue privatizada por el gobierno de Vinicio Cerezo Arévalo. Después trabajé en un laboratorio químico alemán como auxiliar de producción. Trabajé también como receptor pagador en dos bancos del sistema nacional y después fui empleado público, en la oficina nacional de servicio civil (ONSEC) de la presidencia de la República de Guatemala. También fui vendedor ambulante de empresas telefónicas.

Mientas laboraba en la capital continué con mis estudios secundarios y estudié un bachillerato en ciencias y letras por madurez, en el instituto privado mixto

"Dr. Juan José Arévalo Bermejo." ubicado en la zona uno de la capital guatemalteca y así me gradué en el año 1993. Ese título fue mi trampolín para ingresar a la universidad de San Carlos de Guatemala, en la cual estudié en la facultad de ciencias económicas durante los años 1994, 1995 y 1997. Cerré en la USAC el área común y pasé a estudiar el área profesional, donde acredité sexto semestre de la licenciatura en administración de empresas.

Cuando estudié la secundaria y mis primeros dos años en la universidad de San Carlos de Guatemala, vivía en la zona 5, en la casa de mi tía Petrona Oliva (QEPD) y Federico Ordóñez Oliva, el mismo lugar donde en 1970 habían secuestrado a mi prima Toty, de quien les hablaré más adelante. El apoyo de mi tía Toñita y mi tío Federico fue muy importante, ya que ellos me motivaban y exhortaban a seguir adelante. Mi carnet universitario es el No. 9412380.

Participé en el desfile "Bufo" o "Huelga de Dolores", que es una manifestación satírica de los estudiantes san-carlistas. La huelga de Dolores o de todos los dolores del pueblo de Guatemala, es una tradicional manifestación en favor del pueblo de Guatemala, donde se denuncian los desaciertos y errores del gobierno en turno y también los atropellos de la clase política sobre los intereses de las clases sociales más pobres. Aquí se denuncia toda injusticia social. Me gustaba ayudar a hacer las carrozas y amanecer en el paraninfo universitario zona 1 al finalizar su elaboración.

Durante el tiempo en que laboraba y estudiaba en la capital, era mi costumbre viajar los fines de semana a El Barranquillo. Los medios de transporte eran el ferrocarril o por vía terrestre. La intención era compartir con mi abuelita y también con mis mejores amigos: Raúl, Rolando, Elmer y Gabriel. A este grupo selecto de amigos le llamábamos "Conga" y nos gustaba rezar el rosario. Luego agregaríamos a Edwin Merlos (QEPD) y a Augusto Aroche.

Organizábamos eventos deportivos, como cuadrangulares y campeonatos de futbol. Me encantaba jugar futbol, formé parte del equipo Deportivo Barranquillo y de La Barranqueña. El futbol era mi pasión, al punto de que me fracturé el dedo anular izquierdo por practicarlo e igualmente me metí una punza en el estómago por la misma razón. Éramos un equipo muy respetado en el departamento de El Progreso.

De adulto fui presidente del "Comité pro-mejoramiento El Barranquillo", donde logré realizar importantes obras de infraestructura en beneficio de la comunidad, realizaba eventos deportivos y sociales.

Desfile bufo Usac, facultad de ciencias económicas.

Vida conyugal

En mil novecientos noventa y tres me acompañé con mi primera esposa, Zonia Morán, de la cual nació mi primer hijo de nombre Cristian Rodolfo, a quien amo con todo mi corazón, es un hijo ejemplar. La relación con Zonia no duró mucho debido a la inmadurez de ambos y, principalmente, a la mía.

En mil novecientos noventa y siete me uní a mi esposa Ludin Argentina Jiménez Bonilla, con quien he procreado tres lindos hijos: Rashelin Gabriela, Elmer Agustín y Keyri Eylí. Ellos son mi vida entera y los amo con toda la fuerza de mi corazón. Tengo 23 años unido a mi esposa y varios años casado por lo civil, pero el 19 de febrero de 2020 nos unimos y consagramos nuestro matrimonio a Dios en su santa iglesia católica. Esto es una gran bendición de Dios.

Mis tres hijos mayores son graduados del nivel medio y con estudios universitarios: Cristian es graduado de profesor de física y tiene estudios avanzados de licenciatura en deportes. Rashelin Gabriela es graduada de bachiller en computación y tiene estudios avanzados en administración de empresas en la universidad de San Carlos de Guatemala y Elmer Jr. Es graduado en la high school de Westborough, Massachusetts. Mi hija menor,

Keyri, de once años, cursa el sexto año en la escuela Mill Pond, también en Westborough, Massachusetts.

Nuestra boda

Elmer Jr. Graduado de Westborough High School.

Participación de Movilización Popular de Repudio Cívico, Sin precedentes en Guatemala.

Me siento orgulloso de haber formado parte de el pueblo indignado y sublevado que pautó el desmoronamiento de la presidencia de Otto Pérez Molina en el verano de el año 2015.

La rebelión civil en contra del gobierno de Pérez Molina, fue motivada por las acusaciones de corrupción, por parte del ministerio público y la comisión internacional contra la impunidad en Guatemala (CICIG) de ser el vértice de una sofisticada red de sobornos, contrabando y fraude fiscal en las aduanas del país, la red era conocida como " LA LÍNEA " después de varios meses de sublevación popular, se vio obligado a dimitir el día 2 de septiembre del 2015, a solo cuatro meses de concluir su mandato constitucional y, a cuatro días de las elecciones generales, al perder un ante juicio parlamentario que le despojó de la inmunidad y dictarle la judicatura ordinaria una orden de detención por varios presuntos delitos, tales cómo: asociación ilícita, cohecho pasivo y caso especial de defraudación de aduanas. El expresidente Otto Pérez Molina, su ex vicepresidenta Roxana Baldetti y muchos funcionarios de su gobierno guardan prisión y enfrentan un proceso penal en su contra. Sin embargo, antes de sublevar a los ciudadanos, hartos y cansados del latrocinio a gran escala por la clase política, funcionarios corruptos, la clase pudiente económica, que se insertan en las élites de los grupos de poder tradicional, en un país considerado de los más pobres de América Latina, pobre en el sentido que ha sido saqueado desde la conquista, hasta los políticos corruptos de hoy día. El general Otto Pérez Molina, era depositario de la confianza de millones de guatemaltecos que confiaron en sus promesas de librar y ganar la guerra contra la corrupción, la violencia, la inseguridad, la impunidad y la pobreza, pero falló, fue solamente demagogia política. Para mi y mi familia es una satisfacción enorme, el haber participado en las jornadas de protestas ciudadanas, era un deber cívico estar todos los sábados en la plaza de la constitución o parque central, convocados por diferentes organizaciones de la sociedad guatemalteca. Se sentó un precedente histórico único en América Latina, Los guatemaltecos indignados tumbamos a un presidente y, a un gobierno señalado de corrupto.

Jornada de protestas en contra de Otto Pérez Molina.

Participación en movimiento cívico popular.

El asesinato de mi hermano Hugo Leonel

El veintitrés de marzo de 1997 asesinaron a mi hermano Hugo Leonel Oliva Quiñonez, a la edad de 25 años. Era mi hermanito que había compartido conmigo en la casa de mis abuelos paternos y que mi madre se había llevado con ella tras ganar una demanda en un tribunal de lo familiar. La violencia golpeaba una vez más en nuestras vidas.

Los responsables de este vil y cobarde crimen fueron dos delincuentes de apellido Salguero (Un tío y su sobrino), que tenían una enemistad muy fuerte con él. Lo emboscaron de manera cobarde cuando mi hermano, totalmente ebrio, subía a su vehículo y, como al quitarle un dulce a un niño, se le acercaron cobardemente y lo asesinaron a balazos.

Esto sucedió en la aldea Las Chinamas, lugar fronterizo de El Salvador, a pocos kilómetros de Valle Nuevo, lugar donde nosotros nacimos. Estos mismos individuos me habían asaltado un par de meses antes de asesinar a mi hermano, me agredieron fuertemente golpeándome en la cabeza con un arma de fuego y estuvieron a punto de dispararme. Creo que la razón por la cual no lo hicieron, fue porque yo no era muy conocido en el lugar, pues no había crecido con mi madre y había regresado a ese lugar 13 años después de la separación de mis padres. Bueno, Dios siempre me ha protegido y ha estado a mi lado.

Mi hermano dejó dos niños huérfanos: Nery y Huguito. Este asesinato fue un duro golpe para la familia, especialmente para mi madre, quien como yo siempre digo, es fuerte como un roble y ha resistido tres asesinatos en la familia, principalmente de dos de sus hijos.

Mi hermano Hugo (QEPD) con sus hijos Nery y Huguito, les acompaña un Santa.

Dios me libra en un fuerte accidente automovilístico

El 29 de febrero de 2008, en la ruta que conduce de Villa Canales a San Miguel Petapa, sufrí un grave accidente. Conducía a alta velocidad en una camioneta Izuzu Rodeo de color rojo, cuando de repente un autobús escolar repleto de niños se me atravesó en contra de la vía. Yo colisioné de frente con el autobús y mi camioneta se hizo pedazos.

Cuando reaccioné estaba sentado en una camilla de bomberos y había mucha gente a mi alrededor; una señora me daba agua azucarada y yo me preguntaba cómo sabía esta señora que yo me iba a accidentar, no sabía que a todo esto, ya había pasado casi una hora desde la colisión.

En la escena del accidente también estaba la policía y el conductor del autobús estaba detenido hasta que la empresa se hiciera responsable de los daños ocasionados. Los niños que iban en el autobús me preguntaban asustados al verme sangrar por la nariz: «¿Se encuentra bien, señor?»

Las consecuencias no fueron tan graves comparadas con lo aparatoso del accidente, únicamente me fracturé la nariz y sufrí golpes internos en el pecho y las rodillas. Mi esposa tenía cerca de tres meses de embarazo de mi hija Keyri y fue un susto grande para ella; su embarazo fue de riesgo durante los seis meses restantes.

Ese mismo día por la tarde-noche, un autobús extraurbano se volcó en la ruta que conduce de Guatemala a El Salvador, concretamente en el kilómetro 33, con un saldo de 45 personas fallecidas en el lugar, mas nueve heridos graves que fallecieron en un centro asistencial, para un total de 54 fallecidos. Esto creó cierta confusión en mi familia, que vivía lejos y relacionó mi accidente con el del autobús y algunos me creían muerto, pero Dios, una vez más, me libraba de las garras de la muerte y no pasó más que una fractura en la nariz, de la cual necesité ser hospitalizado y luego operado en un hospital privado de San José Pinula. Dios es bueno y Misericordioso.

Cuarta parte
Viajes a U.S.A.

Mis Hijos del Alma.

En el año 2001 la embajada norteamericana acreditada en Guatemala me aprobó una visa de turismo por un período de 10 años y fue así como empecé a viajar a los Estados Unidos. MI primer viaje fue en 2001 y viajé por American Airlines, una de las mejores aerolíneas del mundo. American es una aerolínea estadounidense que opera vuelos programados en una extensa red de rutas nacionales e internacionales, su flota de aviones es de lujo.

En mis múltiples viajes a los Estados Unidos he abordado todo tipo de avión y he usado diferentes compañías aéreas. Viajar a los Estados Unidos fue la oportunidad dada por Dios para cambiar mi nivel de vida, logré darles estudios, vivienda, vestido y comida a mis hijos, así como la satisfacción de haberle construido su casita a mi abuelita Engracia, quien vivió sus últimos tres años de vida en una casita más decorosa.

Mi abuelita falleció el 11 de mayo de 2010, estando yo en los estados Unidos. Fue un dolor muy fuerte para mí ya que ella fue mi madre de crianza, ella me educó, me vistió y me dio amor cuando yo más lo necesitaba, pero me quedaba la satisfacción de haber sido un buen hijo y de no haberle causado mal sentimiento alguno. Rezo por el eterno descanso de su alma y que Dios le permita ver la luz de su rostro.

*Mi Abuelita Engracia Oliva (QEPD)
y mi hija Keyri recién nacida.*

Viajar a los Estados Unidos fue la chimenea o conducto para salir de la pobreza y vivir de una manera más digna, no con riquezas materiales, pero sí una vida más decorosa. De mis múltiples viajes a los Estados Unidos, en dos oportunidades lo hice vía terrestre de Guatemala a Los Ángeles vía México, lo cual es un poco cansado, pero muy divertido. Mi destino final siempre ha sido Massachusetts.

El trabajo siempre me ha gustado, sabiendo que es el medio honrado para ganar dinero y tener así un mejor nivel de vida tú y los tuyos, confiando siempre en el Señor Dios todopoderoso.

Con mi madre Gabriela Quiñónez.

El asesinato de mi hermano menor

El 17 de abril de 2016 por la noche, concretándose una confabulación entre familiares y enemigos de mi hermano, unos sicarios hirieron de bala a mi hermano menor, Néstor Ovidio Padilla Quiñones, quien en horas de la madrugada del día 18 de abril de 2016 falleció en el hospital nacional de Cuilapa, Santa Rosa.

Los autores materiales de este hecho fueron dos tipos que llegaron hasta su residencia en dos motocicletas tipo pasolas y que minutos antes de cometer el crimen, habían estado en la cevichería "Angie-Iker", propiedad de mi hermano. Uno de ellos, en complicidad con otro individuo que esperaba la llegada de mi hermano a su vivienda, fue el responsable de disparar a quemarropa y con balas expansivas en contra de la humanidad de mi hermano, sin importarle el hacerlo delante de su esposa y de sus dos hijos, de nombres Angie e Iker.

Los sujetos se dieron a la fuga a través de dos motocicletas pasolas, una de color rojo y la otra de color gris, según consta en el expediente del M.P. #317-2016-815. Se trató de una confabulación que involucró a miembros de la familia. Mi hermano dejó 4 niños huérfanos: Néstor Daniel, Ovidio, Angie e Iker.

Yo fui alertado acerca de lo sucedido, pero al llegar al centro asistencial, mi hermano había expirado. El corazón de mi madre y de toda la familia, una vez más estaba destrozado, la violencia, una vez más, nos causaba llanto y dolor. Por revelación divina, nuevamente sabía la verdad, razón por la que me advertían abstenerme de visitar a mi madre y de colaborar con la justicia en las investigaciones, de lo contrario, me iban a asesinar.

Las amenazas fueron más frecuentes por distintos medios, razón por la que tuve que abandonar el país para preservar mi vida. Al no tener una visa vigente, no me quedó otra alternativa que viajar de manera ilegal y dejar a mi familia y mi patria. Fue así como emigré a los Estados Unidos con el propósito de salvar mi vida y solicitar un asilo político.

Viajé por México y al llegar a la frontera de Reynosa crucé el Rio Grande en una balsa, salté el muro, corrí poco más de una hora y llegué a McAllen, Texas. Luego caminé durante seis noches con un grupo de catorce personas, pero cuando estábamos cerca de llegar al transporte que nos conduciría a Houston, Texas, nos detuvo la patrulla fronteriza.

Estuve preso por espacio de tres semanas en la cárcel de Puerto Isabel, en Texas, esperando una entrevista de miedo creíble, misma que realizaría un oficial de asilo, pero nunca llegó. Después fui trasladado, encadenado de pies y manos, al estado de Louisiana, a una cárcel de nombre "Pine Prairie." A los 25 días llegó la ansiada entrevista de temor creíble.

Tuve la oportunidad de exponer al oficial de asilo que yo era víctima de la violencia desde niño en mi país y que era perseguido por colaborar con la justicia en Guatemala y esa fue razón suficiente para demostrar que mi vida corría peligro y era más que evidente: tres asesinatos en mi familia lo dicen todo.

También le expuse un crimen del que fui víctima dentro de los Estados Unidos en el año 2008, cuando fui agredido por un grupo de seis pandilleros y casi muerto fui a parar a la sala de emergencias de un hospital en Massachusetts. Ocho días después de la entrevista de miedo creíble llegó la buena noticia: el oficial de asilo había creído mi historia y por lo tanto el resultado de la entrevista era creíble. Dios seguía manifestándose en mi vida.

El siguiente paso era comparecer ante un juez de migración. Éste decidía tu futuro en los Estados Unidos o te dejaba pagando una fianza, o bien te deportaban. Tuve la mala suerte de comparecer en tres ocasiones con un juez racista. La primera vez fuimos diecisiete personas, deportó a quince y nos dejó sólo a dos; la segunda vez me dio una tercera audiencia y a esa audiencia fuimos treinta y nueve personas, deportaron a treinta y cinco y nos dejaron únicamente a cuatro.

La fianza que se me impuso fue de $12,500.00 dólares. Reunir el dinero fue complicado e implicó pasar casi dos semanas más detenido. El día 16 de diciembre de 2016 logré pagar la fianza y salir libre, desde entonces tengo un caso de asilo y una solicitud de visa "U", esta última por haber sido víctima de un crimen dentro de los Estados Unidos de América.

Los procesos son largos, pero mantengo la esperanza en Dios de que serán favorables, siempre confiando en el Señor y que con Él obtendremos la victoria.

Mi Hermano Néstor (QEPD) y sus niños Angie e Iker.

La muerte de Panchito

El 13 de julio de 2016 murió Panchito, el hermano menor de mi papá, a quien yo consideraba mi hermano mayor, ya que había crecido con él. Su partida llegó justo cuando pretendía viajar a los Estados Unidos y pedir asilo político ante las circunstancias que estaba viviendo.

Fue triste su partida, pero era más triste verlo sufrir. Panchito sufrió de cáncer en el cerebro desde adolescente, pero lo había vencido con la ayuda de Dios después de años de tratamiento médico. También había sufrido un derrame cerebral que lo había dejado paralítico y, por último, una gangrena provocó la amputación de una de sus piernas y esto, acompañado por una diabetes hereditaria, le provocó la muerte. No viajaría yo a los Estados Unidos sin antes darle cristiana sepultura.

Mi viaje lo concreté tres semanas después, exactamente el 7 de agosto de 2016. Que en paz descanse Francisco Javier Arana Oliva, "Panchito".

Panchito en su hamaca. (QEPD)

Quinta parte
Llega mi familia

Derivado de las insistentes amenazas y el temor reinante, mi esposa, en compañía de mis dos hijos menores, también se vieron obligados a abandonar el país. Salieron de Guatemala el 9 de mayo de 2018 con rumbo a los Estados Unidos y con fecha del 18 de mayo se entregaron a las autoridades migratorias en la frontera norteamericana. La sorpresa fue que les aplicaron la ley "tolerancia cero" del presidente Donald Trump, una ley antinmigrante que consiste en separar a los niños de sus padres. Esta polémica medida fue implementada por el departamento de justicia de los Estados Unidos por orden del presidente Donald Trump. Esta política fue duramente criticada y repudiada, toda vez que es sinónimo de secuestro, al menos, eso fue para mí.

En esta triste historia mis hijos Elmer Jr. de 17 años y Keyri de 9 añitos, sufrieron en la frontera de McAllen, Texas, la separación de su querida madre. A los niños los enviaron a Michigan, separados entre sí; vivían en la misma ciudad, pero en diferente lugar. Mi hijo Elmer vivía en un albergue, mientras Keyri vivía con unos "papás fosters" (familia autorizada por migración), mientras que a mi esposa la dejaron recluida en una cárcel de Texas. La tolerancia cero era una medida coercitiva peculiar de un sistema no democrático que violaba las libertades democráticas y también los derechos civiles.

Durante 40 días la angustia, el dolor y la desesperación se apoderaron de mí, no era fácil saber que mis hijos estaban solos y sufriendo. Para mí, el gobierno había secuestrado a mis hijos. Se los encomendé al Señor y me puse a orar, me iba a orar a los pies del santísimo y lloraba amargamente.

Treinta días después y luego de cumplir con los requisitos legales, me entregaron a mis hijos. Fue una alegría inmensa recibirlos de parte de delegados de inmigración en el aeropuerto Logan, en Boston, Massachusetts. Dios había hecho su obra divina.

Este hecho lo denuncié a la prensa, concretamente a un periódico local del condado de Worcester, Massachusetts, de nombre "Telegram & Gazzete", el cual hizo pública mi denuncia el jueves 21 de junio de 2018 en la página A7. En la nota periodística aparezco junto a mis hijos, a quienes había recibido el martes 19 de junio y fue así como la prensa mundial se enteró y se solidarizó conmigo.

Vinieron a entrevistarme diarios y televisoras de varias partes del mundo, entre ellos el "New York Times" de New York, el diario "The Guardian" del Reino Unido, "Prensa Libre" de Guatemala y "Telemundo", entre otros. MI familia se había convertido en un símbolo de la comunidad inmigrante. Recibimos la solidaridad incluso de la señora fiscal general de Massachusetts Maura Healey, quien amablemente nos atendió en su despacho.

Luego de resultar como "creíbles" sus argumentos ante un oficial de asilo y pagar una fianza de $1,500.00 dólares, mi esposa fue liberada y arribó al aeropuerto Logan de Boston acompañada por un grupo de periodistas de "New York Times", el miércoles 27 de junio por la noche, al amanecer del jueves 28, procedente de la ciudad de Austin, Texas.

Los niños y yo la esperábamos con mucha alegría y, sobre todo, gran emoción. Así terminaba esa triste pesadilla que nos tocó vivir, pero Dios nos dio una gran victoria para glorificar su santo nombre. Derivada de esta separación, existe una demanda civil en contra del gobierno en favor de 3,000 niños víctimas de esta política; se pierda o se gane, el intento de reivindicación ya se hizo. De hecho, una corte federal de California ya dictaminó que el gobierno brinde servicios psicológicos a los niños que fueron víctimas de esta polémica ley. Ahora los niños pueden obtener servicios psicológicos gratuitos.

Mi familia y yo con la fiscal general de Massachusetts Maura Healey.

Sexta parte
El caso Toty

Otro caso de violencia que ha afectado a mi familia es el asesinato histórico de mi primita Rosa Elena Ordóñez Juárez, conocida cariñosamente como "Toty". El; caso ocurrió el 19 de febrero de 1970, cuando de la casa de mi tía Toñita, ubicada en la 46 avenida 20 – 72 de la zona 5, en la ciudad de Guatemala, fue secuestrada mi primita a la edad de 5 años. Mi prima era hija de mi tío Abraham Oliva y de Elida Juárez.

El secuestro de la niña, que se conoció como "El caso Toty" y que conmocionó a la sociedad guatemalteca, ocurrió en horas de la tarde, cuando Julio Rafael Roldán Godínez y René Ixcajoj Revolorio —uno de ellos era familiar de unos inquilinos que vivían en la casa de mi tía Petrona Oliva— extrajeron de la casa a la niña.

Los secuestradores se hicieron pasar por una fracción guerrillera, de nombre "Fuerzas armadas revolucionarias" (F.A.R.), que operaban en la capital y exigían un rescate de Q.1,000.00 quetzales, equivalentes hoy en día a $130.00 dólares, pero debido a que mis tíos eran pobres y no tenían dinero para pagar el rescate, mi tío, Abraham Ordóñez Oliva, presentó la denuncia ante las autoridades de policía sin que se lograra su rescate, ya que después de tres días de permanecer secuestrada, amarrada de pies y manos a un árbol, mi primita fue violada y asesinada.

Su cuerpecito se localizó enterrado cerca del lugar conocido como "El extravío" o "Cuesta del león", al final del barranco que conduce al rio "Las vacas", cerca de Santa Rosita, zona 16 (hoy calzada la paz). El cuerpo de Toty se encontró el 22 de febrero de 1970 en horas de la tarde, luego de que Julio Rafael Roldán Godínez, uno de los secuestradores, fuera capturado y confesó el secuestro y crimen en contra de la niña Rosita, guiando a las autoridades de policía hasta el lugar exacto en donde habían enterrado el cuerpo de Toty, el cual de inmediato fue trasladado a la morgue del hospital nacional, en donde los médicos forenses determinaron que su muerte se debió a asfixia, luego de haber sido violada y estrangulada de manera brutal.

El presidente de la república en ese entonces, Carlos Manuel Arana Osorio, concedió audiencias a mis tíos y prometió hacer justicia, cumpliendo su promesa al capturar y mandar fusilar a los dos secuestradores. Este caso está registrado en la historia de los fusilamientos en Guatemala y también se puede encontrar en internet, como "El caso Toty en Guatemala".

Mi tío Abraham y mi tía Elida aún sufren las secuelas de ese crimen y ese tormento, ya que ella se encontraba en estado de gestación y mi prima Bety nació enferma.

Mi primita Toty

Séptima parte
Apologista católico

Como narro desde el principio, nací en una familia católica y me crié en el seno de una familia católica. He recibido todos los santos sacramentos, tuve catequistas que me enseñaron la doctrina católica y maestras que me enseñaron a rezar el rosario. Creo en Dios y soy católico por convicción y no por obligación.

Para los católicos, apostólicos y romanos, la celebración eucarística es el centro de toda la vida cristiana, es decir, la eucaristía contiene todo el tesoro espiritual de la iglesia. La misa, en pocas palabras, es el momento para todo cristiano de poder estar en presencia de Jesucristo y participar de un sacrificio incruento, pero finalmente un sacrificio que revive el ofrecimiento de Jesús por nuestra salvación y redención.

Me reafirmé o consolidé en mi fe luego del asesinato de mi hermano menor y reflexioné estando preso por Inmigración (I.C.E.) y me dije: «Dios me ha librado en múltiples ocasiones de las garras de la muerte, es hora de volver a los caminos del Señor y hacer su voluntad; ser un católico practicante y dar testimonio del amor de Dios».

Cuando Dios me concedió la libertad y salí victorioso, me congregué en mi parroquia, "San Lucas Evangelista", en la ciudad de Westborough, Massachusetts. Participé en un retiro espiritual del "Movimiento San Juan XXIII" en la diócesis de Worcester, Massachusetts, el mismo corresponde al número 53 y comprendió del 27 al 29 de enero de 2017. En este retiro fui tocado por el Espíritu Santo.

He participado y formado parte del "Movimiento San Juan XXIII" y soy lector de la liturgia, miembro del coro, monitor, monaguillo y ministro extraordinario de la santa comunión; también soy catequista en mi parroquia y busco siempre servir a Dios.

He participado en varios retiros espirituales, he recibido cursos bíblicos y estudiado apologética o defensa de la fe. Soy dueño y administrador de varios grupos de apologética en las redes sociales, evangelizo a miles de personas en las redes y he logrado el regreso de mi familia al rebaño sagrado de Jesucristo, que es su santa iglesia católica, luego de formar parte de otra denominación religiosa.

Jesucristo fundó una sola iglesia y está fundamentada en la Biblia: «Entonces Jesús subió al cerro y llamó a los que Él quiso y vinieron a Él». Marcos 3:13 y en Mateo 16:18 podemos leer: «Y ahora yo te digo: tú eres Pedro (o sea piedra) y sobre esta piedra edificaré mi iglesia y las fuerzas del infierno no la podrán vencer». En este último pasaje, Jesucristo dice: "Mi iglesia", o sea, una sola iglesia; en particular, la iglesia de Jesucristo y sobre esta verdad de fe debemos de estar dispuestos a dar razón con fundamentos bíblicos a quien los pida, tal y como nos dice Pedro: «Al contrario, sigan adorando interiormente al Señor, a Cristo y siempre estén dispuestos a dar una respuesta acertada al que les pide cuenta de su esperanza». 1ª. Pedro 3:15.

Así Lucía mi Esposa el día de nuestra boda eclesiástica

Mis hijos el día que recibieron sus santos sacramentos

Covid - 19

El mundo ha vivido momentos muy tristes en el año 2020, la pandemia del coronavirus sigue afectando a millones de personas, tras aparecer en China. Hasta mediados de junio del año 2020, la organización mundial de la salud (OMS) registraba más de 8 millones de personas contagiadas y casi 500, 000 muertes. Yo no fui la excepción, el día 15 de abril del año 2020 me diagnosticaron positivo de coronavirus, fue realmente triste y angustioso pasar tres semanas en cuarentena y aislado de mi familia. Pero era necesario para resguardar la salud de ellos. Los síntomas que me afectaron fueron: fiebre alta, dolor de cabeza, dolor de cuerpo, dolor de garganta, tos seca, debilitamiento de mis piernas y la pérdida de sueño. Afortunadamente los médicos me habían pronosticado que si la infección pasaba a los pulmones allí vencería al virus, toda vez que los mismos están funcionando perfectamente, producto de no ser fumador y es que al decir verdad nunca he fumado un solo cigarro en mi vida. Fueron días muy tristes y dolorosos, pero yo entregué mi enfermedad al Señor, cómo sacrificio y lo uní al sacrificio de Cristo en la cruz y lo dediqué por la salvación de todas las almas, en especial por las miles que murieron por el Covid - 19, por las del estado de purificación y también por la salud de todos los contagiados. Ore mucho a Jesucristo y, a la Santísima Virgen María, les dedique esta oración: madre nuestra, derrama tu llama de amor y calcina con este fuego el virus que causa tanto dolor; Señor Jesucristo sana y libera mis pulmones con tu sangre preciosa que limpia, que redime y que tiene poder Amén. A continuación les comparto 2 importantes recetas para la elaboración de tés calientes y volver tu cuerpo alcalino, esto fue lo que me ayudo y por supuesto Dios me sano. Primero : poner a hervir agua en un recipiente. Partes tres naranjas y exprimir en el recipiente, luego también colocas el bagazo en el mismo recipiente, igualmente tomas tres limones y haces el mismo procedimiento que hiciste con las naranjas, luego le agregas un pedazo de jengibre y tres rajas de canela y por último le agregas un poco de manzanilla, al estar el Té bien hervido té tomas una taza cada hora o cada dos horas agregándole a cada tasa de Té, un poco de miel de abeja y lo tomas como agua de uso, mientras duren los síntomas de Covid-19. Segundo: Hierve una limonada bien caliente, le agregas rajas de canela y un poco de bicarbonato, al estar el té bien hervido se toma una taza con miel de abeja cada hora o cada dos horas, estos tés vuelven tu cuerpo alcalino y ayudan a evitar que el Virus se propague en tu cuerpo. Es importante también hacerse las gárgaras de agua tibia con sal por lo menos 4 veces al día, Tomar únicamente acetaminophen líquido y tomar sopas calientes, pueden ser de res, pollo, gallina o vegetales. Dios me sano de esta terrible enfermedad para glorificar su Santo Nombre.

Ministro extraordinario de la Santa comunión parroquia San Lucas Evangelista Westborough Massachusetts

Conclusión

Me despido esperando que este testimonio sea de esperanza y edificación en sus vidas. Les exhorto a creer más en Dios confiando en que, a pesar de la tormenta, Dios nunca nos abandona y siempre está a nuestro lado para aliviar nuestras penas y darnos su paz en medio de la tormenta.

Estoy terminando esta obra aprovechando la cuarentena que se me impuso al dar positivo al Covid-19 y que después de dos semanas, Cristo me levantó glorioso para dar testimonio del amor de Dios en mi vida.

Dios es fiel a su palabra y no permite jamás que tu pie resbale, jamás duerme el Dios que te cuida; reconoce por tanto que el señor, tu Dios, es el Dios verdadero, el Dios fiel, que cumple con su pacto y su palabra generación tras generación.

«El Señor es fiel, Él los fortalecerá y los protegerá del maligno». 2ª Tesalonicenses 3:3.

Que la paz de Cristo esté siempre

www.ingramcontent.com/pod-product-compliance
Lightning Source LLC
LaVergne TN
LVHW011740060526
838200LV00051B/3260